LA
REINE DU DÉSERT

EN 1900

PAR

M. JULES MAISTRE

CLERMONT-L'HÉRAULT
IMPRIMERIE-LIBRAIRIE S. LÉOTARD
1900

LA
REINE DU DÉSERT

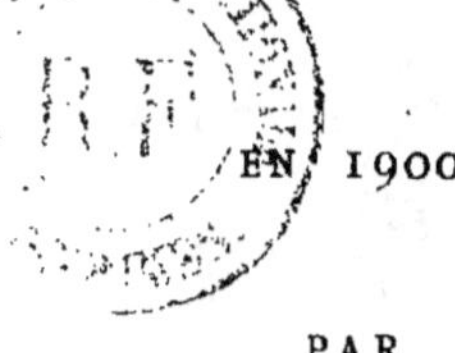

EN 1900

PAR

M. JULES MAISTRE

CLERMONT-L'HÉRAULT

IMPRIMERIE-LIBRAIRIE S. LÉOTARD

1900

LA
REINE DU DÉSERT

En 1900.

Les Français ne connaissent pas assez leurs colonies, même celles qui sont situées à leur porte. Il est vrai qu'il faut faire une traversée de 25 à 26 heures, pour se rendre de Marseille à Alger.

La distance qui sépare Marseille de Philippeville est moindre de 20 kilomètres (soit 720 kilomètres au lieu de 740) et cependant il faut 30 heures pour effectuer cette dernière traversée.

Les bateaux qui se dirigent sur Philippeville sont encore plus lents que ceux qui vont à Alger.

En Allemagne, et dans plusieurs contrées de l'Europe, on a compris très vite la nécessité de construire des navires à marche rapide. Nous avons vu à Alger, en 1898, un navire roumain à deux hélices, construit pour amener les voyageurs de Constantia à Constantinople et à Alexandrie ; ce navire marche à une vitesse de 21 nœuds, soit plus de 38 kilomètres à l'heure.

Avec des bateaux semblables, la distance qui sépare Marseille de Philippeville ou d'Alger serait franchie dans 19 ou 20 heures.

A l'avenir, au lieu de construire des bateaux très longs et étroits, il serait mieux de leur donner moins de longueur et plus de largeur. La vitesse n'y perdrait pas, et la sécurité, par les grosses mers, y gagnerait beaucoup.

Les voyageurs qui craignent la mer, peuvent se rendre en Algérie par l'Espagne: la traversée de Carthagène à Oran ne demande que 6 ou 8 heures.

Nous étions à Paris au mois de Février dernier et nous avons vu de près ceux qui s'occupent de la colonisation. Nous avons été heureux de constater que, dans ces dernières années, nous avons fait en France de grands progrès au point de vue colonial ; ce qui ne veut pas dire que nous n'ayons pas encore à en faire de très grands.

Les jeunes gens et les fonctionnaires vont plus facilement que par le passé dans nos colonies ; car beaucoup de Français reconnaissent qu'il est plus difficile de se créer une position en France, que dans les colonies.

La colonisation marcherait encore plus vite, si des encouragements plus nombreux étaient donnés à ceux qui colonisent sérieusement.

Ayant passé le mois de Mai en Algérie, nous avons vu quelles sont les causes qui s'opposent à ce que les colons et les indigènes soient dans une situation meilleure et plus sûre pour eux tous.

Deux causes retardent la colonisation.

La première provient des hommes. L'autorité bien dirigée fait souvent défaut, et presque toujours il y a absence d'entente entre les diverses branches de l'administration.

Lorsqu'il existe des administrateurs intelligents et travailleurs, on ne les laisse pas assez au pouvoir ou à la tête d'une administration.

Mais comment arriver à établir une entente si désirable pour tous ?

La question serait vite résolue, si les hommes avaient plus de patriotisme et plus de charité les uns pour les autres ; et si les administrateurs, au lieu de donner la plus grande partie de leur temps à la question administrative, se donnaient la peine de voir de près et plus souvent les centres de colonisation dont ils ont la direction.

Les colons et les indigènes sont trop abandonnés à eux-mêmes; une direction soutenue leur fait défaut, ou pour mieux dire, leur manque le plus souvent complètement.

De loin en loin, des délégués partent en députation de la Métropole, pour essayer de venir en aide à ceux qui se sacrifient et qui passent leur vie dans les colonies. Mais ces délégués ne séjournent pas assez dans chaque localité, et il leur est impossible de découvrir les causes locales ou autres qui font obstacle à une bonne colonisation.

D'un autre côté, les bons fonctionnaires ne sont pas assez encouragés : ceux qui ont le mérite de séjourner de longues années dans le même milieu devraient être augmentés sur place, lorsqu'ils rendent de réels services. Le plus souvent, rien de semblable n'a lieu. Les encouragements sont donnés à ceux qui obtiennent des changements.

En Russie, en Hollande, et dans tous les pays où la colonisation est bien comprise et bien étudiée, ce sont les fonctionnaires ayant rendu les plus grands services qui sont favorisés et soutenus.

Citons un exemple :

La Russie a fait d'immenses progrès dans le gouvernement du Turkestan et du Transcaspien. C'est par cette vaste région que peu à peu elle pénètre daus le centre de l'Asie.

L'ancien gouverneur des provinces transcaspiennes, qui a passé plusieurs années à diriger ce pays, a été nommé ministre de la Guerre ; c'est-à-dire qu'il occupe la plus haute situation qu'il puisse ambitionner.

Dans nos colonies, de même qu'en France, nos gouverneurs et nos ministres passent trop rapidement au pouvoir.

Richelieu et Colbert, malgré leur génie, n'auraient jamais pu faire la France grande, puissante et riche, s'ils n'avaient séjourné que quelques mois à la tête de leur Ministère.

Les Membres des Chambres de Commerce, les Députés et les Sénateurs devraient réagir contre les tendances actuelles, qui sont néfastes et pour la mère-patrie, et pour nos diverses possessions.

Le deuxième obstacle qui s'oppose à la rapide colonisation de l'Algérie provient du climat. Est-il possible de le modifier en bien, dans une certaine mesure ?

Oui, à la condition de nous en donner la peine.

Ce qui rend le climat rude, ce qui fait que les récoltes ne sont ni assez bonnes, ni asssez régulières, c'est toujours la même cause : la rareté et surtout l'irrégularité dans les chutes de pluie.

La pluie est rare en Algérie et en Tunisie, et cependant, dans bien des localités, on aurait assez d'eau pour obtenir des récoltes très belles, si, par des barrages et par d'autres travaux, les eaux des sources et les eaux pluviales étaient mieux mises en réserve.

La question de l'eau, pour tout ce qui concerne l'agriculture algérienne, est réellement la question capitale ; malheureusement, c'est celle qui est la moins étudiée.

Si les pluies sont rares sur les bords de la Méditerranée, on peut dire, sans crainte d'être taxé d'exagération, qu'elles sont nulles, ou presque nulles, à la limite du Sahara.

Cette année, par extraordinaire, il est tombé à Biskra, le 1er Mai, 3 cent. 5 d'eau dans moins d'une journée ; des pluies semblables sont très rares, il n'avait pas plu à Biskra depuis environ un an.

La moyenne de la pluie est de 13 cent. de hauteur ; certaines années, la moyenne ne dépasse pas 8 cent.

Il existe dans l'oasis de Biskra environ 150,000 palmiers et 6,000 oliviers. Ces palmiers et les quelques récoltes qu'on obtient sous les arbres, végètent avec la faible dépense en eau, évaluée en Mai 1900, à un débit de 240 litres par seconde.

Vers les mois de Juillet et Août, ce volume se réduit à une moyenne de cent soixante-dix litres par seconde.

Les irrigations pratiquées à Biskra sont très probablement les mêmes qui existaient du temps des Romains ; les Arabes n'ont eu qu'à les continuer et les Français n'y ont rien changé.

A Biskra, le terrain par lui-même n'a pas de valeur, c'est l'eau qui a de la valeur. On n'achète pas le sol, mais l'eau, quand on peut trouver à en acheter, ce qui est rare. L'eau est employée d'une manière courante, c'est-à-dire à fil ; les cultivateurs n'ont pas le droit de retenir l'eau dans des bassins.

Les Arabes tournent cette défense ou difficulté de la manière suivante : ils font des trous très larges autour ou mieux entre les palmiers, afin de conserver le plus longtemps possible l'eau, le jour où elle traverse leur propriété.

Ce mode d'arroser fait dépenser beaucoup plus d'eau. Il serait plus avantageux de faire des trous moins larges, mais plus profonds ; et pour empêcher ces trous de se déformer, afin aussi de diminuer l'évaporation que produisent le vent et le soleil sur une grande surface, on pourrait introduire dans ces petits bassins, des broussailles, ou mieux des fagots de paille, car à Biskra et dans les montagnes qui entourent le Sahara, le bois est rare.

Mais ce qu'il faut réaliser surtout, ce serait de faire des travaux pour augmenter le volume d'eau dont on peut disposer. Et comme l'administration supérieure est intéressée autant que les habitants de la *Reine du Désert* à intervenir, il faudrait affecter une somme assez élevée pour créer un barrage dans le lit de la rivière, afin de forcer toutes les eaux à arriver dans le canal de Biskra.

Il serait peut-être plus facile et plus pratique, au lieu de créer un barrage coûteux, de faire des fouilles assez profondes dans le lit même de la rivière et cela en amont de Biskra. Dans ces fouilles, une canalisation serait établie, elle passerait à une certaine profondeur, au-dessous du lit de la rivière, afin de draîner presque toutes les eaux. Dans tous les cas, cette canalisation permettrait d'utiliser la plus grande partie des eaux qui passent actuellement au-dessous du barrage incomplet qui existe à Biskra.

De plus, on devrait créer dans le massif de l'Aurès, là où prennent naissance les sources, de vastes bassins.

Un bassin d'une contenance de cinq à six millions de mètres cubes permettrait de doubler le volume d'eau en été, c'est-à-dire de le porter de 170 litres à 300 ou 400 à la seconde.

Un débit semblable permettrait de donner de la vigueur à tous les palmiers qui existent déjà et d'en établir de nouveaux, tout en permettant de réaliser diverses cultures sous les arbres.

Si on ne fait rien pour augmenter le débit de l'eau, le volume actuel ira très probablement en diminuant de plus en plus, car sur les bords du Sahara, de même que dans d'autres régions de la Méditerranée, les déboisements ne font qu'aggraver la sécheresse.

En France, on a fondé l'administration des Ponts-et-Chaussées. Cette administration nous a donné de très belles routes, quelques canaux de navigation, des chemins de fer et d'autres ouvrages de la plus grande utilité. Mais la question concernant l'hydraulique agricole a été beaucoup négligée.

Il faut reconnaître qu'en ce qui concerne ces derniers travaux, les Italiens nous dépassent et ils font tous les jours d'immenses progrès. A Rome, le Directeur du service hydraulique, au ministère de l'Agriculture, est M. Siméone qui est un ancien ingénieur des mines.

M. Siméone occupe actuellement au ministère, et cela depuis plus de dix ans, la plus belle situation qu'un haut fonctionnaire puisse ambitionner ; les services qu'il rend à son pays sont incalculables.

En France, rien de semblable n'existe ; aussi, il y a peu ou pas d'initiative de la part de nos fonctionnaires, et comme les Ministres ne passent que peu de mois au pouvoir, quelque bien intentionnés qu'ils puissent être, ils ne peuvent rien faire de durable et d'utile.

Cette situation anormale est connue ; elle l'est surtout par nos malheureux colons, par ceux qui, au prix de leur santé et souvent de leur fortune, voudraient rendre service à nos colonies et qui ne le peuvent, car en France, on ne fait rien pour leur venir en aide.

Les agriculteurs se butent constamment contre des préjugés et des difficultés qui renaissent sans cesse. Il leur faut une constance rare pour continuer à vivre dans un milieu semblable. Ils veulent faire le bien, et ce bien, on les met dans l'obligation de ne pas le réaliser.

Les projets qu'ils émettent, même ceux qui n'engagent en rien les fonds de l'État ou des Communes, sont rarement réalisés.

Il est temps, dans l'intérêt des colons et des indigènes, de réagir contre une situation qui est intolérable et qui, à notre époque, n'a plus sa raison d'être.

Il y a 50 ans, lorsque l'État avait une route à créer, elle se réalisait, sans savoir si cette route rapporterait plus ou moins. Et lorsqu'il s'agit de faire arriver de l'eau par des barrages, par des travaux à créer dans les montagnes, ou par des puits artésiens, l'État ne fait rien ou presque rien, et pendant ce temps les populations sont forcées à émigrer.

Nous avons profité de notre séjour à Biskra pendant le mois de Mai 1900, pour faire des essais sur la température, dans des sols de diverses natures, dans l'air, à l'ombre et au soleil, et enfin dans les sables des dunes mouvantes des environs de l'oasis.

Ces résultats sont assez intéressants ; nous les donnons ci-après, en un tableau séparé.

Mais il est utile de faire remarquer que lorsqu'on a à faire une étude sur un pays tel que l'Algérie et à plus forte raison sur le Sahara ou sur la limite du désert, les observations doivent surtout se faire au soleil plutôt qu'à l'ombre, car dans la région du Sahara, c'est la partie constamment exposée aux rayons du soleil qui domine. L'ombre, et quelle ombre ! est une exception.

D'après un auteur qui passe à juste titre pour avoir bien observé la nature dans le Sahara, chez M. le professeur Schirmer, il semble acquis que les écarts du thermomètre dans le Sahara, sont de plus de 90 degrés en hiver.

Pendant la nuit, le thermomètre peut descendre au dessous de 10 degrés, et en été, il monte au soleil à près de 80 degrés. Sous des variations aussi grandes, quelquefois très brusques, M. Schirmer dit que la pierre éclate ou se déchire sous des températures si variables et si éloignées les unes des autres.

Le thermomètre placé à la surface du sable des

dunes d'Oumache marquait 39 degrés centigrades. à 5 heures du soir et à 20 centimètres de profondeur, la température n'était que de 30 degrés.

Le jeudi 10 Mai, la température du sable à 3 centimètres de profondeur, était, de 11 heures à 4 heures du soir, de .... 41 degrés.

Au soleil .... 40 »

L'eau de la source sortant à quelques mètres de distance marquait .... 18 »

A 3 centimètres de profondeur dans le sol, à l'ombre et sous un palmier .... 16 »

Le 23 Mai, la température au soleil et sur du sel, au pied de la montagne de sel, à 9 heures 40 du matin, était de .... 35 »

L'eau salée sortant de la montagne de sel était de .... 20 »

A midi, dans la cour de l'auberge d'El-Outaya .... 39 »

Généralement, en Mai, à Biskra, le maximum de la chaleur, au soleil, a lieu un peu avant 3 heures.

L'eau est non seulement utile dans le Sahara pour faire vivre les palmiers, mais elle a encore une plus grande utilité pour les hommes.

Toutes les eaux du Sahara ne sont pas potables ; une eau qui renferme 6 grammes de sels divers par litre est encore potable , à 10 grammes par litre, les chameaux et les divers animaux refusent de la boire.

On ne se doute nullement en France, de toutes les recherches que nos officiers, nos administrateurs et les pharmaciens militaires font pour venir en aide à nos soldats, à nos colons et aux indigènes.

Ces derniers se livrent à des recherches continuelles en vue de tirer le meilleur parti de l'eau ou en vue d'en modifier la composition.

Des rapports sont sans cesse demandés, et des analyses sérieuses sont faites pour amener des améliorations.

Des études de laboratoire faites sous un climat tel que celui de Biskra ou du désert, donnent lieu à des efforts pénibles.

Tel travail qui est facile en France, demande plus de peine en Algérie.

Dans certaines oasis, des travaux en vue de mieux utiliser les eaux ont été entrepris.

L'eau étant rare, il faut éviter de la perdre en route.

L'oasis de Tolga, sur la route de Biskra à Tuggurth, est de création récente. Il y a quelques années (15 ans environ), il n'existait sur ce point que quelques palmiers. Cette oasis en renferme actuellement 25,000 en plein rapport, et cela, grâce à l'eau obtenue par des puits artésiens.

A Gardaïa, l'eau fournie par des puits artésiens arrive en grande abondance et comme cette oasis est au fond d'une cuvette et qu'il n'y a pas d'écoulement possible, cette eau est une cause de malaise.

Deux grandes Compagnies établies à Biskra travaillent sans cesse à créer des oasis et à étendre la culture des palmiers. Ces Compagnies devraient être fortement encouragées, car elles rendent de très grands services à la région qu'elles exploitent.

La culture des palmiers, qui est presque la seule possible dans le désert, demande pour prospérer, une certaine quantité d'eau.

Généralement, les palmiers sont arrosés tous les

8 jours. Dans certaines régions un palmier ne demande que 12 mètres cubes d'eau par an.

Les palmiers de l'oasis de Biskra sont peut-être ceux qui vivent avec le moins d'eau, tout en donnant de belles récoltes.

Un palmier privé d'arrosages pendant plusieurs mois, peut continuer à vivre, mais alors il ne donne pas ou peu de fruits.

La production par arbre est variable : elle dépend de la force et de la nature du palmier.

Les régimes sont en nombre variable ; un arbre qui porte 15 à 20 régimes peut produire 200 kilos de dattes. Le poids d'un régime peut aller de 10 à 20 kilos. Il y a des palmiers, du côté de Tolga, qui produisent plus de 300 kilos. Certains palmiers ont, dit-on, une valeur de 800 francs.

Lorsqu'on fait des plantations nouvelles, on met généralement les arbres à 5 mètres de distance les uns des autres, soit 400 palmiers à l'hectare.

Mais des agriculteurs ayant étudié à fond et depuis bien des années la culture de ces arbres, prétendent que la distance de 5 mètres entre chaque arbre est loin d'être suffisante. Ils aiment mieux les plantations faites sur une ligne à 15 mètres de distance, et sur l'autre ligne à 6 ou 7 mètres. Avec une plantation semblable, les arbres arrivent à un développement plus rapide, et les fruits qu'ils portent sont meilleurs.

Déjà, en Amérique, dans la région voisine de la Californie, il existe des plantations de palmiers, dont les plants proviennent du Sahara.

Cette année, au mois de Mai, on vient d'expédier de jeunes palmiers en nombre suffisant pour remplir un wagon. Ces plants venaient d'une oasis située dans le désert, à 150 kilomètres de Biskra.

De Biskra à Alger, ces plants mettent, par chemin de fer, 4 à 5 jours. D'Alger en Amérique, 7 à 8 jours et puis, 5 à 6 jours, pour traversée en chemin de fer des États-Unis.

Un jeune palmier peut voyager près d'un mois sans souffrir, si on a soin de bien entourer les racines afin d'éviter le desséchement du plant.

De tous les côtés, il y a une tendance à améliorer le sol. Dans diverses régions du globe, des essais nombreux sont faits pour mettre en valeur des terrains vagues ou improductifs.

Les cultures variées, telles que celles du café, du cacao, du thé, du coton et autres produits, sont réalisées avec succès dans le Turkestan et dans d'autres règions de l'Asie et de l'Océanie.

En France, notre attention devrait se porter plus activement sur les améliorations qu'on peut réaliser en Algérie, et même dans le désert. Cette région ne serait pas improductive si on s'en donnait la peine.

A Biskra, qui avec de la bonne volonté, ne tardera pas à devenir un centre des plus importants, il serait facile d'établir un Jardin d'essai, tel que celui qui est établi à Tunis.

Le comte Landon a déjà, dans l'oasis de Biskra, un magnifique Jardin qui fait l'admiration de tous les touristes. Et par ce parc, qui est admirablement tenu, il est facile de voir tout ce qu'on pourrait obtenir au point de vue du jardinage et de la variété des cultures.

Avec peu de fonds et avec de la bonne volonté, il

serait très facile de créer près de Biskra le Vieux une École d'agriculture qui, sans être semblable à celles que nous avons en France, pourrait rendre de grands services aux Arabes et aux colons.

Dans les Écoles communales, le français est enseigné aux Arabes; mais on ne leur donne aucune notion d'agriculture.

Des Arabes nous ont dit :

« *Lorsque nous connaissons le français, cela* « *nous donne des idées; mais cela ne suffit pas* « *pour nous créer une situation.* »

Il n'en serait pas de même, si des notions d'agriculture étaient données aux jeunes élèves.

Un terrain arrosable établi près des jardins du vieux Biskra permettrait d'étudier et de cultiver les plantes qui par leur manière de végéter peuvent prospérer le mieux dans le Sahara.

En Europe nous ne connaissons pas assez combien le séjour de Biskra peut rendre de services aux malades et aux voyageurs. On se laisse trop effrayer par la crainte d'une chaleur trop exagérée.

Cette année, pendant tout le mois de Mai, la température à Biskra a été très supportable; on peut même dire que le plus souvent nous avons joui d'une température délicieuse.

La moyenne de la température, dans les chambres, a été de 22 à 24 degrés, et de 21 à 23 pendant la nuit.

Le pays est sain; et si pendant l'été le climat est trop chaud pour les Européens (la température varie entre 38 et 44 degrés, au moment des plus fortes chaleurs), il y a cependant des colons qui vivent à Biskra depuis 20, 30 et 40 ans sans être malades.

Ceux qui tiennent à se bien porter, même en habitant à l'entrée du désert, doivent éviter les imprudences de toute nature, et il faut de plus que tout en travaillant le travail n'arrive pas jusques à la fatigue. En un mot, il faut savoir se reposer en temps utile. Les chefs doivent être les premiers à surveiller la santé de ceux qu'ils occupent.

En terminant cette note, qu'il nous soit permis de signaler à l'admiration de tous l'homme providentiel qui, tout en sacrifiant sa vie pour l'Afrique et pour les habitants de ce vaste continent, avait compris le charme indéfinissable qu'on trouve à Biskra où il aimait à vivre pendant les dernières années de sa vie.

Cet homme de génie, que notre Saint Père le Pape Léon XIII avait apprécié à sa juste valeur et qu'il comparait aux hommes qui ont le mieux mérité du catholicisme et de la civilisation, est son Éminence le Cardinal Lavigerie.

Ceux qui veulent avoir une idée du bien réalisé pendant la vie du Cardinal Lavigerie peuvent lire le compte-rendu des fêtes données à Biskra, en Février dernier, le jour de l'inauguration de sa statue.

Le célèbre sculpteur Falguière était digne, par son talent, de rendre les traits de l'homme de génie qui a le plus fait pour le bien et pour l'avenir de l'Afrique.

Nous ne pouvons oublier que, peu de mois avant sa mort, son Éminence le Cardinal Lavigerie nous disait :

« *J'ai été abandonné par plusieurs pour avoir dit*
« *tout, tout ce que pensait le Pape Léon XIII. D'au-*
« *tres, qui me fournissaient des fonds pour mes*
« *œuvres de l'Afrique m'ont refusé tout secours.* »

Lors de la description des fêtes de Biskra, on a négligé de signaler l'œuvre si belle des Sœurs blanches.

L'Ordre de ces sœurs a été fondé pour aller porter la parole de Dieu dans le centre de l'Afrique ; et comme en Algérie on s'est mis dans l'impossibilité de convertir les Musulmans, les sœurs se contentent de prodiguer les soins les plus assidus aux malades indigènes.

Avec de très faibles ressources, 10 à 12 sœurs arrivent à soigner 150 malades ; et le plus souvent c'est au moment des plus fortes chaleurs que les Arabes ont le plus de malades et le plus de blessés. Cet excès de travail arrive au moment où les sœurs auraient le plus besoin de repos.

Avant de quitter Biskra, nous avons tenu à communiquer notre note à un homme pratique, qui nous a fait la réponse suivante :

« *Vous écrivez en parlementaire, c'est-à-dire qu'il* « *faut vous lire entre deux lignes. Tandis que nous,* « *nous allons droit au but. Aller droit au but pour* « *ceux qui ont l'ambition de venir en aide à leurs* « *semblables, c'est leur dire clairement et carré-* « *ment ce qui est utile.* »

Tenant à entrer dans la voie indiquée, il convient, tout en signalant le mal que nous avons vu, d'encourager ceux qui ont la force et le mérite de bien agir.

Dans les colonies le sentiment du devoir est souvent plus développé qu'en France ; par contre certains hommes n'ont pas même la force de se rappeler qu'ils sont chrétiens.

En Algérie, de même que dans d'autres colonies, on pense être agréable à ceux qui dirigent, en affectant, par exemple, de ne pas entrer dans une église. On oublie qu'en agissant ainsi on donne un mauvais exemple aux Arabes qui, tout en n'ayant qu'une religion imparfaite, sont cependant religieux.

Les Arabes, voyant que les Français, qui sont leurs maîtres, ne pratiquent pas leur religion, arrivent de leur côté à s'en passer.

Leur religion leur permet d'épouser plusieurs femmes ; la nôtre nous le défend et cependant beaucoup ne se préoccupent pas de cette défense : de là, aggravation de l'immoralité.

Tous nos efforts doivent tendre à attirer un plus grand nombre de Français dans notre colonie, afin de la favoriser.

De même, les malades trouvent dans cette vaste région un climat propice à leur santé ; mais sous le vain prétexte de venir en aide aux malades, il ne faut pas établir des milieux où la moralité laisse à désirer.

En un mot, pour venir en aide à ceux qui souffrent, il ne faut pas créer des distractions funestes à ceux qui sont pleins de santé.

En résumé, à l'heure actuelle, deux grands courants vont attirer une partie de notre population vers nos colonies. Un vaste empire colonial va se former au Nord du continent africain.

De même qu'un autre grand courant va attirer vers le Tonkin et l'Ouest de la Chine de nombreux colons.

Mais les colonies ont, à l'avenir, un beau rôle à remplir ; elles doivent favoriser les populations européennes sans porter atteinte aux indigènes. Il faut au contraire travailler à les relever en les moralisant.

JULES MAISTRE.

Membre de la Chambre de Commerce de Montpellier.

Biskra, le 30 Juin 1900.

Clermont-l'Hérault. — Imp. S. Léotard.

www.ingramcontent.com/pod-product-compliance
Lightning Source LLC
LaVergne TN
LVHW020508230826
846091LV00008BA/3402

9782019933906